Gabriele Heyduschka

ELTERNCOACH
to go

Mein Kind ist hochsensibel

Cornelsen

Redaktion: Juliane Baumann, Berlin
Umschlagkonzept und -gestaltung: Corinna Babylon, Berlin
Umschlagfoto und -illustration: Shutterstock.com/Patrick Foto (Kind);
Shutterstock/Artspace (Schmetterling)
Illustrationen im Innenteil: Shutterstock/Artspace (Schmetterling: S. 1, 3, 5, 7, 9, 20, 27, 43, 45)
Layoutkonzept und technische Umsetzung: krauß-verlagsservice, Ederheim/Hürnheim

www.cornelsen.de

1. Auflage 2020

Druck: H. Heenemann, Berlin

ISBN 978-3-589-16654-1

PEFC
PEFC/04-31-1156

PEFC zertifiziert
Dieses Produkt stammt aus nachhaltig bewirtschafteten Wäldern und kontrollierten Quellen.

www.pefc.de

*Widmung: Ich möchte mich bei **Lilly** bedanken,*
die mich in ihre Erlebniswelt mitgenommen hat.

Inhaltsverzeichnis

1

Ein paar Worte vorab – Hochsensibel:

Super empfindlich oder einfach nur sehr feinfühlig?

„Mara ist so empfindlich! Sie nimmt sich alles zu Herzen, macht sich so viele Gedanken und manchmal reagiert sie einfach total heftig auf Kleinigkeiten, die andere Kinder überhaupt nicht wahrnehmen würden …" Das beklagt Maras Mutter, die ihre Tochter als emotional, super sensibel oder feinfühlig beschreiben würde.

Kommt Ihnen das bekannt vor? Dann haben Sie vielleicht ein hochsensibles Kind – ein Thema, das in der letzten Zeit zunehmend ins Bewusstsein von Eltern und Pädagog*innen kommt. Doch was bedeutet es eigentlich, **HOCHSENSIBEL** zu sein? Handelt es sich gar um eine Krankheit, die therapie- und behandlungsbedürftig ist? Oder ist Hochsensibilität einfach nur eine besondere Ausprägung der Persönlichkeit eines Menschen?

In diesem Heft erfahren Sie kompakt, wie das Erleben hochsensibler Kinder ist und mit welchen Herausforderungen Familien im Alltag konfrontiert sind.

Wir sprechen über **BESONDERE MENSCHEN**, die sogenannten Schmetterlingskinder, Orchideenkinder, Feinfühler und Superkrafthelden des Alltages. Wir können einiges von ihnen für den Umgang miteinander lernen, insbesondere was die positiven Persönlichkeitsmerkmale betrifft. Gemeinsam schauen wir hinter die Wesensart von hochsensiblen Kindern und deren Auswirkungen für die sie begleitenden Menschen.

Eltern erhalten hier Strategien und Tipps, wie sie hochsensible Kinder im Familienalltag unterstützen und angemessen auf ihr Verhalten reagieren können, um belastende Situationen gemeinsam zu bewältigen. Während der Lektüre merken Sie schnell: Hochsensibilität ist kein Problemfall, sondern birgt großartige Chancen fürs Leben, wenn Kinder lernen, mit ihrem intensiven Erleben gut umzugehen.

Als selbst Hochsensible ist mir das Thema eine Herzensangelegenheit und ich möchte Ihnen mit diesem Heft nicht nur einen praktischen Ratgeber für den Familienalltag geben, sondern auch ein Plädoyer für die ressourcenorientierte Sicht auf ein besonderes Persönlichkeitsmerkmal.

Viel Freude beim Lesen!

2

Gut zu wissen – Wichtige Aspekte für Hochsensibilität:

Merkmale, Ausprägungen und Unterschiede zu anderen Persönlichkeitsausprägungen

WAS IST HOCHSENSIBILITÄT?

Es handelt sich um ein positives Wesensmerkmal, welches sich mit intensiverer, länger benötigten (zeitlichen) Verarbeitung von Reizen, Wahrnehmungen, Gefühlen, Emotionen, Erlebnissen nach außen zeigt. So facettenreich, wie wir Individuen sind – nur eben ohne Gebrauchsanweisung. (vgl. Parlow 2003)

Hochsensibilität als grundlegend „positives Wesensmerkmal" zu sehen, vermag für die jeweils beteiligten Personen während ihrer Begleitung der Entwicklung des betroffenen Kindes nicht immer einfach zu sein. Dennoch gilt es an dieser Stelle ausdrücklich zu betonen, dass es sich bei Hochsensibilität keineswegs um eine Erkrankung handelt, die therapie- oder behandlungsbedürftig ist.

Die amerikanische Psychologin *Dr. Elaine Aron* hat mit ihren Forschungen zum Thema die Begriffe **HOCHSENSIBILITÄT** und **HOCHSENSIBLER MENSCH** wesentlich geprägt (vgl. Aron 2005). Dabei stellte sie fest, dass es sich bei Hochsensibilität nicht um eine Krankheit, sondern um eine **GENETISCH BEDINGTE EIGENSCHAFT** handelt. Anzumerken ist, dass sie in ihren Studien allerdings nicht ausschließen konnte, dass ein geringer Teil der hochsensiblen Menschen die Hochsensibilität auch im Laufe ihres Lebens durch Traumata oder Dauerstress erworben haben könnte. Sehr umstritten – sowohl auf wissenschaftlichem als auch auf therapeutischem Gebiet – ist jedoch ihre These, dass über 20 Prozent aller Menschen hochsensibel seien. (vgl. Strohmaier 2015)

Laut Aron lässt sich Hochsensibilität in diese vier **HAUPTMERKMALE** aufteilen (vgl. Aron 2005):

- Verarbeitungstiefe, gründliche Informationsverarbeitung,
- Ubererregbarkeit, Neigung zur Überstimulation,
- emotionale Intensität,
- sensorische Empfindlichkeit.

Hochsensible Menschen sind demzufolge **GANZHEITLICH EMPFINDSAME INDIVIDUEN** mit einer Vielzahl von unterschiedlichen Gefühlszuständen, die sich bei ihnen oftmals stärker äußern als bei anderen Menschen. Einige lassen sich beispielsweise wie folgt beschreiben: Ein ausgeprägter *Gerechtigkeitssinn – tiefes Erleben* (in den verschiedensten Bereichen) kann sich besonders im zwischenmenschlichen Bereich als eher anstrengend und herausfordernd zeigen. *Leistungsorientiert (intrinsisch)* mit *perfektionistischen Ambitionen* erleben hochsensible Menschen oftmals ihre eigene *geringe Belastbarkeit*, die sich in *emotionalen Ausbrüchen* zeigen kann. Die Außenwelt ist des Öfteren von der auffälligen *besonderen Herzlichkeit/Sozialverhalten* sowie der ausgesprochenen Fähigkeit *im großen Ganzen zu denken* (Zusammenhänge schnell erfassend) irritiert.

WIE ZEIGT SICH HOCHSENSIBILITÄT?

Es ist leider im alltäglichen Leben häufig zu beobachten, dass Eltern mit einem hochsensiblen Kind sehr schnell in die „Mühlen der Diagnosen“ kommen und dort herumirren, obwohl, wie zuvor schon ausdrücklich festgestellt, es sich bei Hochsensibilität nicht um eine behandlungsnotwendige Krankheit, sondern um ein besonderes Persönlichkeitsmerkmal handelt. Dennoch sind oftmals gehörte Verdachtsdiagnosen: AD(H)S, Autismus, Defizit im emotional/sozialen Bereich, aber auch Hochbegabung. Meist liegen von außen beobachtete auffällige Verhaltensweisen vor, die zu diesen Diagnosen führen.

Hochsensibilität kann sich jedoch ganz verschiedenartig in den Persönlichkeitsmerkmalen von Menschen zeigen (vgl. Röhr 2018):

- **INTELLEKTUELL:** viele moralische Interessen, Vielsprecher,
- **IMAGINÄR:** Tagträumer, imaginäre Freunde/Haustiere,
- **EMOTIONAL:** Verbundenheit mit der Natur, Tieren, starke Gefühle/Emotionen gepaart mit extremen Reaktionen,
- **PSYCHOMOTORISCH:** besonders aktiv, hoher Bewegungs-/Tatendrang, bei zunehmender Erregung kaum zu bändigen,
- **SENSORISCH:** tiefe Wahrnehmung und Empfindsamkeit einzelner Sinne oftmals besonders ausgeprägt, oftmals Synästhetiker.

Für viele betroffene Familien tut sich allerdings wegen der unterschiedlichen Deutung der scheinbar auffälligen Verhaltensweisen schnell ein sogenannter *Teufelskreis* auf. Bedingt durch Druck von außen oder selbstgemachten Eigendruck werden sie und ihre hochsensiblen Kinder konfrontiert mit:

- dem Anderssein,
- der eigenen Sorge der Eltern,
- dem Druck/der Last auf dem Kind,
- der Selbstwert des Kindes wird weniger,

- sein Selbstvertrauen wird weniger,
- es bekommt Selbstzweifel,
- Schuldgefühle,
- die letztendlich zu Depressionen führen können.

BEACHTEN SIE! **Bisher liegt keine 100-prozentige wissenschaftliche Bestätigung in Bezug auf die Daseinsberechtigung für Hochsensibilität vor. Fakt ist, dass sich viele auf den Weg gemacht haben, um dies zu ändern und zu unterstützen.**
Heute spricht man davon, dass sich ca. 70 Prozent introvertierte (eher in sich gekehrte) und 30 Prozent extrovertierte (nach außen sehr offene, sprunghafte) Menschentypen hinter der Hochsensibilität verbergen.

2015 gab es auf der Welt ca. 10,77 Millionen Kinder bis zu 14 Jahren, davon nach Angaben von *Dr. Elain Aron* 15 bis 20 Prozent mit dem besonderen Persönlichkeitsmerkmal Hochsensibilität, also ca. 1,6 Millionen Kinder. (vgl. Aron 2008)

Sprechen einige Wissenschaftler von dem besonderen Persönlichkeitsmerkmal Hochsensibilität, so hat der Schweizer Doktorrand Patrice Wyrsch in Untersuchungen zur Thematik festgestellt, dass es sich um einen fundamentalen, **SPEZIES-ÜBERGREIFENDEN WESENSZUG** bei der Hochsensibilität handelt. (vgl. Wyrsch 2016)

TIPP!

Im Fachbuch „Worauf kommt es an bei der Begleitung hochsensibler Menschen" von Jutta Böttcher lassen sich viele Aspekte aus Wissenschaft und Praxis zum Thema anlesen.

BESONDERHEITEN BEI DER WAHRNEHMUNG

Kennzeichnend für hochsensible Kinder ist besonders ihr feinfühliges Wahrnehmungsverhalten, das wie folgt zu sehen ist:

- **VISUELL (AUGEN):** Bedingt durch die detailliertere Wahrnehmung ist es möglich, Veränderungen in den Bereichen Bewegung, Mimik und Gestik bei den Kindern zu beobachten. Die intensive Verarbeitung der Sinneseindrücke führt dazu, dass in diesem Bereich sensible Kinder als Bildhaft-Denker (lieben Farben und Formen) mit ausgeprägtem Sinn für Ästhetik bezeichnet werden.
- **GUSTATORISCH (ESSEN):** Kinder, die in diesem Bereich der Wahrnehmung sensibel sind, sind in der Lage, die feinsten Nuancen des Essens herauszuschmecken. Dies führt im Alltag oft dazu, dass die Kinder entweder Feinschmecker oder schwierige Esser sind, was oft sehr herausfordernd und auch anstrengend für das Umfeld sein kann.
- **TAKTIL (FÜHLEN):** Die detaillierte Wahrnehmung über die Haut kann die Begleiter im Umfeld des Kindes wirklich zur Weißglut oder zur Verzweiflung bringen. Diese Wahrnehmungsfähigkeit kann sich unglaublich facettenreich äußern (steife Jeans, Wolle kratzt, Naht in den Socken juckt). Das Kind mag in diesem Fall häufig keine Fingerfarben – es vermeidet von sich aus schmutzig zu werden. Des Weiteren kann sich eine stärkere taktile Wahrnehmung auch im besonderen Verhältnis von Berührungen zeigen. Es zeigt sich oftmals entweder eine heftige Abwehr oder eben ein erhöhtes Kuschelbedürfnis.
- **AUDITIV (OHREN):** Die Kinder sind einerseits in der Lage, sehr leise Geräusche wahrzunehmen, andererseits sind sie oftmals selbst unverhältnismäßig laut und merken das gar nicht. Hohe Lärmbelästigung bedeutet jedoch erhöhte Stress-Momente, die in starken Gefühlsausbrüchen ihren Weg finden. Kinder, die auditiv sensibel sind, zeigen öfter eine musische Begabung und haben ein Gespür für Harmonien und Klänge.

- **OLFAKTORISCH (RIECHEN):** Gerüche können von olfaktorisch sensiblen Kindern frühzeitiger wahrgenommen werden. Dies kann auch dazu führen, dass Menschen in der Umgebung den „Sensibel-Riechenden" mit „Was du schon wieder hast" mahnen, was wiederum dazu führen kann, dass sich das hochsensible Kind nicht ernst genommen fühlt. (vgl. Vita 2017)

Eine besondere Rolle spielt auch die **INTUITION** bei einem hochsensiblen Kind. Je intensiver diese gefunden/gelebt wird, desto leichter findet das Kind eine **INDIVIDUELLE LÖSUNG** in bestimmten, zwischenmenschlichen Situationen. Der Einzelne weiß, was gerade in diesem Moment richtig ist zu tun oder eben nicht zu tun. Für Außenstehende ist dies manchmal logisch schwer nachzuvollziehen.

Ebenso besonders herausstechend kann die **EMPATHIEFÄHIGKEIT** bei hochsensiblen Kindern sein. So können sich Eltern beispielsweise wundern, wieso ihr hochsensibles Kind weint, obwohl es sich nicht verletzt hat. Die besondere Empathiefähigkeit kann so weit gehen, dass das Kind die Schmerzen eines anderen mitfühlt und selbst durchlebt.

UNTERSCHIEDE ZU ANDEREN PERSÖNLICHKEITSAUSPRÄGUNGEN

HOCHSENSIBILITÄT VERSUS A(D)HS?

Das Aufmerksamkeitsdefizit kann sich mit und ohne Hyperaktivität zeigen. Das Hauptmerkmal äußert sich in der Fähigkeit, **REIZE** anders wahrzunehmen, aufzunehmen und zu verarbeiten. Demnach ist das sogenannte Aufnahmebecken schneller voll, denn die Reize gehen ungefiltert hinein. Das ist der Grund dafür, dass es den Kindern meist schwerfällt, sich auf nur *eine* Sache voll konzentrieren zu können (gezielte Arbeitsaufträge, Arbeitsblätter o. ä.). Im Gegensatz dazu, kann das Kind in einer Lieblingsspielsituation innerhalb eines großen Zeitfensters in der Lage sein, sich auffällig lange zu konzentrieren und in den „Flow" zu kommen (diese Situationen entspannen das Kind ungemein und sind sehr wertvoll).

Was versteht man unter **AUFMERKSAMKEIT?** Aufmerksamkeit ist ein Zustand der gesteigerten Wachsamkeit und Anspannung, um das Verhalten durch intensivere Aktivitäten des Wahrnehmens, Denkens und Handelns zweckmäßig zu steuern. (vgl. Schau/Zenke 2000, S. 39)

Was ist **KONZENTRATION?** Konzentration ist die Fähigkeit, Handeln, Wahrnehmen und Denken mit Hilfe der willentlichen Steuerung der Aufmerksamkeit, zu bündeln (begrenzten Bereich der Umwelt), um sich ganz einer Sache oder Person widmen zu können. Dabei werden jegliche Störfaktoren weitgehend ausgeschaltet, denn Konzentration verbraucht **ENERGIE.** Diese wiederum ist nicht unbegrenzt vorhanden.

GUT ZU WISSEN

Kleiner „Wegweiser" der durchschnittlichen Aufmerksamkeitsspanne (vgl. Träbert 2006):

- **bei Schulanfängern 10 bis 15 Minuten,**
- **am Ende der Grundschulzeit 20 bis 25 Minuten,**
- **ab ca. 12 Jahren 30 Minuten.**

Sieht man sich in einer **GEGENÜBERSTELLUNG** sowohl die beschreibenden Merkmale als auch die besonderen Stärken von hochsensiblen Kindern und Kindern mit einem Aufmerksamkeits-(hyperaktiv)-Syndrom an, können einige Parallelen in der Ausprägung gezogen werden:

- **DAS HOCHSENSIBLE KIND:** Der Gestresste, zufriedene Außenseiter, Beobachter, Denker, stille Genießer. Stärken liegen besonders in der hohen Feinfühligkeit, ausgeprägten Detailwahrnehmung, hohen Konzentrationsfähigkeit, sehr guten Intuition, ausgeprägten Sozialkompetenz, Kreativität, Reflexionsfähigkeit, starkem Gerechtigkeitssinn, hohen Eigenanspruch im Tun (Perfektionismus), großen Ideenreichtum, der Wissbegierde.

- **DAS KIND MIT ADHS:** Ist beeinflusst von Störeinflüssen, verursacht durch Erziehung, äußere Umstände, physiologische Belastung, Überforderung, Umwelt, Reizmangel (Nah-/Fernsinne), Pubertät, Alltagshektik, Angst, Dopamin-Mangel (Störung der Weiterleitung der Nervenreize zwischen den Zellen). Die Stärken liegen oftmals darin, dass die Kinder originelle kreative Menschen, unbequeme, mutige Vordenker sind und viel/alles hinterfragen (Sinnhaftigkeit).

HOCHSENSIBILITÄT VERSUS AUTISMUS?

Meine bisherigen Erfahrungen mit autistischen Kindern lassen den Gedanken zu, dass es durchaus möglich ist, dass ein autistisches Kind **MERKMALE** der Hochsensibilität in sich trägt, und somit die individuelle Persönlichkeit eines autistischen Kindes mitprägt.

Allgemein steht jedoch immer noch im Raum, dass Autisten keine Empathie zeigen können und demnach der Rückschluss zulässig sein kann, dass der Zusammenhang zur Hochsensibilität (Hochsensiblen wird eine hohe Empathiefähigkeit nachgesagt) hinkt. An dieser Stelle möchte ich auf ein Experiment von *Henry Markram* (vgl. Wagner 2018) hinweisen, das dies widerlegt:

„Wasserlabyrinth Experiment – der Durchbruch“: *Eine Ratte kommt in ein Wasserbecken (Ratten können schwimmen). Im Becken befindet sich eine kleine Insel, auf der die Ratte sich ausruhen kann. Beim ersten Versuch weiß sie noch nicht, wo sich die Insel befindet. Sie schwimmt, gerät in Stress, bis sie die Insel findet (dieses Zeitfenster wird gemessen). Die Ratte wird aus dem Wasserbecken genommen. Dann startet ein zweiter Versuch, die Ratte wird wieder ins Becken gesetzt und man misst die Zeit, wie lange sie nun benötigt die Insel zu finden. Dann werden „normale“ und „autistische“ Ratten in das Becken gelassen. (Wissenschaftler fanden heraus, dass durch Gabe von Valproinsäure Ratten autistische Züge aufzeigen, die dem Menschen sehr ähnlich sind.) Das Ergebnis: Die autistischen Ratten fanden die Insel sehr viel schneller als ihre anderen Mitstreiter. (Sie lernten schneller und hatten ein deutlich besseres Gedächtnis.)*

AUF DEN PUNKT

Ein Autist muss also nicht zwangsläufig auch hochsensibel sein oder ein Hochsensibler nicht zwangsläufig ein Autist sein.

Auch hier will ich wieder die beschreibenden Merkmale und Ausprägungen von Autismus und Hochsensibilität zum Aufzeigen von **„SCHNITTSTELLEN“** gegenüberstellen (die Schnittstellen sind kursiv hervorgehoben):

- **HOCHSENSIBILITÄT:** Der Gestresste, zufriedene Außenseiter, Beobachter, Denker, stille Genießer. Kernsymptome sind die *Verarbeitungstiefe und gründliche Informationsverarbeitung*, Übererregbarkeit, Neigung zu Überstimulation, *emotionale Intensität und sensorische Empfindlichkeit*. Im Verhaltenssystem zeigt sich Hochsensibilität durch Aktivierung, Hemmung, selektiver Mutismus (sprechen nur mit vertrauten Personen in vertrauter Umgebung), Motivation (Sinnhaftigkeit des Tuns), *Abschalten zwischendurch (Erholung – Rückzug innerlich), Aufnahmefähigkeit (Input voll) und dadurch Reizüberflutung*. Stärken liegen besonders in der hohen Feinfühligkeit, ausgeprägten Detailwahrnehmung, hohen Konzentrationsfähigkeit, sehr guten Intuition, ausgeprägten Sozialkompetenz, Kreativität, Reflexionsfähigkeit, starkem Gerechtigkeitssinn, hohem Eigenanspruch im Tun, großen Ideenreichtum und Wissbegierde.

- **AUTISMUS:** Frühsymptome sind geringes Interesse an Gesichtern und fehlendes Brabbeln/Störung Schlaf. Anatomisch sind das *limbische System, die Frontallappen* beeinflusst *(die Gefühlsverarbeitung verläuft ungefiltert, daher sind Ausbrüche möglich)*. Kernsymptome des Autismus sind die Beeinträchtigung der sozialen Interaktion, Besonderheiten in der Kommunikation, rezeptive (aufnehmende) Verhaltensweisen (Veränderungen/Neuem gegenüber – ist gravierend eingeschränkt), eingeschränkte Interessen (Echolalie, Selbststimulationen, regulierendes Verhalten, Ticks), *sensorische Empfindlichkeit, Abschalten zwischendurch (Erholung – Rückzug innerlich),*

Aufnahmefähigkeit (Input voll), was zu *Reizüberflutung* führt. Die Stärken sind Zielstrebigkeit, Hartnäckigkeit, Direktheit und die Unfähigkeit zu Heucheln, Aufrichtigkeit, eine Intensität des Denkens und Erlebens, Ordnungssinn, (eigene) Logik, Genauigkeit, Ausdauer, Spezialinteressen und Detailliebe.

GUT ZU WISSEN **Grundsätzlich wird Autismus in drei Kategorien gestaffelt:**

- ***Kanner Autismus (nach Leo Kanner, 1943): Der frühkindliche Autismus, der sich vor dem dritten Lebensjahr zeigt (von 10.000 Kindern, sind vier bis sechs Kinder hier zu finden).***
- ***Asberger Autismus: Hier zeigt sich tendenziell ein Diagnosezeitpunkt nach dem achten Lebensjahr. Meist bleiben diese Kinder innerhalb der ersten drei Jahre gänzlich unauffällig.***
- ***Atypischer Autismus: Dieser manifestiert sich nach dem dritten Lebensjahr.***

HOCHSENSIBILITÄT UND HOCHBEGABUNG?

Es gibt zurzeit keine einheitliche, anerkannte Definition, was Hochbegabung eigentlich ist. Allgemein – aber doch sehr unpräzise – lässt sich sagen, dass das hochbegabte Kind Gleichaltrigen auf musischem, sportlichem oder intellektuellem Gebiet weit voraus ist.

Begabung ist lediglich ein **POTENZIAL.** Um dieses Potenzial in Leistung umsetzen zu können, ist es notwendig, dass die besondere Begabung von Eltern, Umfeld und Schule erkannt und akzeptiert wird und das Kind eine entsprechende Förderung erfährt. Diese zu erkennen, setzt aber das Wissen um Hochbegabung voraus.

Bei der bundesweit agierenden Deutschen Gesellschaft für das hochbegabte Kind (DGhK) können betroffene Eltern, Pädagog*innen und andere Interessierte Informationen zum Thema Hochbegabung einholen und Beratungen oder Gesprächskreise nutzen. Der gemeinnützige Verein charakterisiert die **MERKMALE FÜR HOCHBEGABUNG**, die sich durchaus „auffallend" bei Kindern im Kita-Alter zeigen können, wie folgt: Das Kind langweilt sich, es findet manche Spiele doof und stört deshalb, um wahrgenommen zu werden, es interessiert sich für Dinge, für die es andere für zu jung halten, es kann sich in die Gruppe nicht einbringen und wird damit häufig zum Außenseiter.

Bei einigen hochsensiblen Kindern finden sich ebenfalls diese auffallenden Verhaltensmerkmale wieder. Es gibt also Schnittstellen und Hochbegabung kann deshalb als ein **„PLUS MOSAIKTEILCHEN"** der Hochsensibilität gesehen werden, es kann sozusagen ein zusätzliches Talent oder eine Begabung sein. (vgl. DGhK 2018)

3

Die Bedeutung für die kindliche Entwicklung:

Selbst- und Außenwahrnehmung, Auswirkungen, Herausforderungen und Chancen

Wie zuvor beschrieben, gibt es unterschiedliche Merkmale, an denen man hochsensible Kinder erkennen kann. Wie sich diese Merkmale auf die Entwicklung von den betroffenen Kindern auswirken, wie die Wahrnehmung sowohl der Kinder selbst als auch des Umfeldes der Kinder ist und welche Herausforderungen und Chancen Hochsensibilität für die kindliche Entwicklung hat, möchte ich Ihnen im Folgenden näher erläutern.

WAS ERLEBEN – ERFAHREN – HOCHSENSIBLE KINDER UND IHR UMFELD?

Einige der zuvor genannten Persönlichkeitsmerkmale, die charakteristisch für hochsensible Kinder sind, lassen sich bereits im Baby-Alter bemerken. **HINWEISE FÜR HOCHSENSIBILITÄT** könnten u. a. sein, dass das Baby viel schreit und ein erhöhtes Schlafbedürfnis zeigt. Im späteren Verlauf

(ca. sechs Monate) sucht es sich seinen Lieblingsmenschen aus und äußert ein erhöhtes Sicherheits- und Nähebedürfnis gepaart mit Distanzforderung. Die Kinder haben schon im ersten Jahr einen sehr ausgeprägten, eigenen Willen und sind dadurch sehr fordernd innerhalb eines 24-Stunden-Tages. Alles muss angefasst erkundet werden, um verarbeitet zu werden. Dies jedoch immer im Rahmen eines erhöhten Sicherheitsbedürfnisses.
Es ist durchaus nicht selten, dass hochsensible Kinder im Rahmen einer fremden sozialen Interaktion oder innerhalb sozialer Einrichtungen den sogenannten selektiven Mutismus zeigen (das hat nichts damit zu tun, dass das Kind jemanden ärgern will, provozieren will, sondern es steht ihm die Angst im Weg und ihr Sicherheitsbedürfnis ist zu hoch). Das Kind wird vor allem in einer ihm vertrauten Umgebung sprechen können. (vgl. StillLeben e. V. Hannover)

Grundsätzlich kann man **VIER VERSCHIEDENE VARIANTEN** unterscheiden, wie ein hochsensibles Kind sich nach Außen hin – seinem Umfeld gegenüber – öffnet:

- **DER „LEUCHTTURM"/BEOBACHTER:** Diese Kinder benötigen einfach Geduld vom Gegenüber und Zeit, um all die Reize, die sich ihnen gegenüber offenbaren, zu verarbeiten. Wenn sie abschätzen können, dass keine Gefahr für sie herrscht, werden sie von sich aus ins Geschehen eintreten.
- **DAS „STEIG-IN-DIE-LUFT-PHÄNOMEN":** Diese Kinder stehen schon in einer normal verlaufenden Stress-Situation unter Stress, bevor die eigentliche Situation wirklich passiert. Sie machen sich so viele Gedanken, was alles schief laufen könnte, dass sie sich selbst im Weg stehen. Sie schaffen es noch nicht, zu relativieren und priorisieren, um sich selbst so den Stress zu nehmen.
- **DER „ZUFRIEDENE ETWAS ABSEITS":** Diese Kinder empfinden das Alleinsein oder die Auseinandersetzung mit sich selbst als sehr bereichernd. Sie verfügen über ein reichhaltiges Innenleben und sind vollkommen zufrieden. Dies bedeutet aber auch, dass diese Kinder sich überwiegend gern in ihrer eigenen Komfortzone sehen.

- **DAS „OFFENE OHR“:** Diese Kinder opfern sich oftmals für Andere auf und vergessen sich selbst dabei. Sie werden stets bemüht sein, für andere da zu sein und sich mit ihren eigenen Bedürfnissen hinten anzustellen.

AUF DEN PUNKT

Sehr häufig ist es von den äußerlichen Einwirkungen abhängig, ob sich das Merkmal der Hochsensibilität für jedes einzelne Kind als „Gabe“ oder „Fluch“ empfinden lässt. Ebenso natürlich auch, wie das Gefüge Familie – das Umfeld – mit der Thematik umgeht.

Da hochsensible Kinder häufig eine hohe Widerstandskraft – **RESILIENZ** – in sich tragen, wird sich das jeweilige Kind bei negativ verlaufenden Erfahrungen innerhalb seiner Welt eine Art Schutzpanzer anlegen. Verletzungen, die dennoch durch diesen Schutzpanzer hindurchdringen, können sehr tiefgründig sein.

Das Pendant hierzu ist die **SPEZIELLE VERARBEITUNG VON GEFÜHLEN,** die für Außenstehende als auch nahestehende Menschen im Umgang mit hochsensiblen Kindern immer wieder zu Irritationen führen kann. So verläuft die **REIZVERARBEITUNG** bei hochsensiblen Kindern häufig ungefiltert und in höheren Dosierungen; diese muss dann erst innerlich sortiert werden (z. B. in bekannt – unbekannt). Das kann zur generellen Reizüberflutung und entsprechendem Verhalten führen (z. B. schlagartige Gefühlsausbrüche – starkes Rückzugsverlangen – Vergesslichkeit – psychosomatische Beschwerden wie Kopfweh oder Bauchweh, schnellere Ermüdung/Belastbarkeit).

BEACHTEN SIE! **Ein Gefühlsausbruch muss nicht zwingend die Reaktion auf die aktuelle Situation sein. Es kann einfach sein, dass das Fass voll ist und entladen werden muss (also ein ganz anderes Ereignis die Ursache ist).**

WAS MACHT DAS BESONDERE „ERLEBEN" MIT HOCHSENSIBLEN KINDERN?

Zunächst darf darauf hingewiesen werden, dass das Erleben sehr **INDIVIDUELL** gesehen werden muss, daher können auch die individuellen Möglichkeiten, was der Einzelne erlebt/wahrnimmt/speichert (als Erfahrung) und was das für Auswirkungen auf seine weitere Entwicklung haben wird, sehr verschieden sein.

Zum besseren Verständnis: **INTROVERTIERT** (in sich gekehrt) sind etwa 70 Prozent der hochsensiblen Kinder. Sie verfügen über ein reichhaltiges Innenleben, Reflexion (mit sich selbst) und ihr Sicherheitsbedürfnis ist hoch. **EXTROVERTIERT** (fordern sich viel Aufmerksamkeit ein) sind 30 Prozent der hochsensiblen Kinder. Sie sind schnell gelangweilt, wagen schnell Neues und gelangen so schnell in die Überforderung.

Kinder, die sich von ihrem Umfeld nicht angenommen, nicht wertgeschätzt und respektiert fühlen, sich äußerst unsicher in einer Situation fühlen, ein schlechtes Gefühl wahrnehmen in Räumen, bei allgemeinen und persönlichen sozialen Interaktionen oder sich permanent ungerecht behandelt fühlen, werden sich in **RÜCKZUG** begeben und dort Schutz suchen. Wenn man ihnen dies nicht zugesteht oder ermöglicht, können sie als Reaktion scheinbare **VERHALTENSAUFFÄLLIGKEITEN** entwickeln. Ein Rückzug kann bis zu einer Depression/Angstzuständen und völliger Abkapselung aus dem sozialen Leben führen.

TIPP!

Wir als Gegenüber sind gefordert zu hinterfragen, welche Bedürfnisse hinter den Auffälligkeiten stecken, und diese klar aufzudecken und zu erfüllen, damit Auffälligkeiten erst gar nicht notwendig sind. Dies bedeutet natürlich nicht, dass alles, was das Kind möchte, erfüllt werden soll, sondern es sollte verantwortungsbewusst und im Kontext der Situation angemessen entschieden werden. Wenn das Kind älter wird, ist es durchaus eine gute Möglichkeit, bei ihm direkt die Mitverantwortung an einer Situation zu erfragen, sowie eigene Vorschläge des Kindes zuzulassen, die zum Wohle aller die Situation entschärfen und besser werden lassen.

Hochsensibilität von verschiedenen Ebenen aus betrachtet, kann sich wie folgt auswirken und zeigen (vgl. Röhr 2018):

- **INTELLEKTUELL:** viele moralische Interessen, Vielsprecher.
- **IMAGINÄR:** Tagträumer, imaginäre Freunde.
- **EMOTIONAL:** Verbundenheit zur Natur, Tiere, Mitmenschen, starke Gefühle, Emotionen gepaart mit extremen Reaktionen.
- **PSYCHOMOTORISCH:** besonders aktiv, quirlig, hoher Tatendrang, Erregung gesteigert/Aktivität steigend, kaum zu bändigen.
- **SENSORISCH:** tiefe besondere Wahrnehmung, hohe Empfindsamkeit, einzelne Sinne sind besonders ausgeprägt und erreichen Höchstleistungen, übersinnliche Wahrnehmungskraft, sinnliches Empfinden – Mimik/Gestik/Farben, oftmals Synästhetiker (zusätzliche neuronale Verbindungen zwischen den einzelnen Sinnen, z. B. Zahlen werden farbig wahrgenommen, Buchstaben werden gefühlt, Töne in bunten Farben/Formen gesehen oder Worte geschmeckt).

WO LIEGEN DIE HERAUSFORDERUNGEN, WO DIE CHANCEN?

Als sehr positive Herausforderung ist es zu verstehen, dass hochsensible Kinder wunderbare und einzigartige **PERSÖNLICHKEITEN** sind, die uns durchaus den Spiegel vorhalten, um zu verstehen, was wirklich wichtig ist im Umgang miteinander. Durch ihr besonderes, sensibles Empfinden zeigen sie uns Werte auf, die in unserer Gesellschaft langsam verloren gehen.

Es ist beeindruckend, wie **LEISTUNGSFÄHIG** in der Wahrnehmung, Verarbeitung und im kreativen Output diese Kinder sind. Den Eltern und anderen Erwachsenen im Umfeld der Kinder fehlt nur häufig eine Art Gebrauchsanweisung, um das Verhalten der Kinder richtig zu deuten. (vgl. Parlow 2003)

Die **HERAUSFORDERUNGEN** und **CHANCEN** liegen klar auf der Hand:

- Stärken Sie Selbstwert/-bewusstsein der hochsensiblen Kinder.
- Begegnen Sie den Kindern emphatisch, ruhig und mit viel Geduld.
- Wenn die Kinder von ihrem nahen Umfeld Geborgenheit, Struktur, Übersicht, Sicherheit, liebevolle Grenzen und Liebe geschenkt bekommen, können sie leistungsfähig sein und über sich hinauswachsen.

BEACHTEN SIE! **Bleiben Sie selbst als Eltern, nahestehende Erwachsene sensibel und nehmen wahr, wann sich Ihr Kind zu sehr verausgabt! Auch Kinder zeigen klare Stresssymptome im Alltag, wie z. B. Kopfschmerzen, Bauchschmerzen, Schlafprobleme, Verspannungen im Hals/Schulterbereich etc.**

FREUNDSCHAFT/FREIZEIT EINES HOCHSENSIBLEN KINDES

Es ist aus der Praxis und meinen Erfahrungen her sichtbar, dass hochsensible Kinder in Bezug auf Freundschaften im Gegensatz zu gleichaltrigen Kindern sehr oft bereits sehr tiefe, enge und sehr **VERLÄSSLICHE FREUNDSCHAFTEN** entwickeln. Dabei bleibt es nicht aus, dass das hochsensible Kind auch mit Enttäuschung und Frustration konfrontiert sein wird, da seine Erwartungen oft ganz andere sind als die des Gegenübers.

Bereits in der Kita-Zeit geschlossene Freundschaften halten bei hochsensiblen Kindern nicht selten bis in die Erwachsenenzeit (vorausgesetzt beide Freunde gehen in ihren Erwartungshaltungen konform).

Im **FREIZEITGESCHEHEN** eines hochsensiblen Kindes kann es ganz schön **TURBULENT** zugehen. Wenn es sich um ein introvertiertes Kind handelt, was ein reiches Innenleben besitzt, wird es sicherlich vorkommen, dass es schwierig sein wird, mit nicht geplanten Aktivitäten umzugehen. Was nicht bedeutet, dass bei geplanten Aktivitäten immer alles glatt läuft. Es hängt immer von der individuellen Gefühls-/Gemütslage, aber auch von der Tagesform des hochsensiblen Kindes ab. Sicherlich ist es für alle Beteiligten jeden Tag aufs Neue eine Herausforderung. Gehen Sie deshalb nie davon aus, Ihr hochsensibles Kind boykottiert etwas extra oder will Sie ärgern oder provozieren.

AUF DEN PUNKT

Zusammenfassend lässt sich sagen: Es kommt drauf an! – Darauf, wie das Umfeld hochsensiblen Kindern begegnet. Ob ihre Ressourcen gesehen und genutzt werden oder ob sie, die in der Hochsensibilität begründet liegen, verkannt werden und ungenutzt bleiben und das Kind stattdessen in eine Abwärtsspirale zu Selbstwertschädigung gedrängt wird. Beobachten und begleiten Sie deshalb achtsam das hochsensible Kind in seiner Entwicklung und lassen sich nicht von gesellschaftlichen bzw. altersgerechten Erwartungshaltungen, wie ein Kind sein soll und was es leisten bzw. können soll, beeindrucken.

4

Ganz praktisch:

Anreize und Strategien zur Stressreduzierung im Familien- und Kita-Alltag

In diesem Kapitel möchte ich Ihnen unterschiedliche Impulse, Anreize und Strategien für den Familien- und Kita-Alltag geben. Darüber hinaus tauchen wir beispielhaft in die Erfahrungswelt von Lilly, einem hochsensiblen Kind, ein. Ich möchte Ihnen dadurch die Gelegenheit geben, Hochsensibilität ein Stück weit unmittelbarer zu erfahren, und so für ein besseres Verständnis des besonderen Persönlichkeitsmerkmals Sorge tragen. Als Tipp vorweg: Hören Sie auf Ihr Bauchgefühl und Ihre Bedürfnisse, die Ihnen wichtig sind, und sprechen Sie diese immer offen an!

KITA-EINGEWÖHNUNG VON HOCHSENSIBLEN KINDERN

In vielen Einrichtungen werden heutzutage vor der eigentlichen Eingewöhnung, Kennenlerntreffen angeboten. Es werden Bezugserzieher*innen zur Verfügung stehen, die das Vertrauen des Kindes gewinnen möchten, um Ihrem Kind so den Kita-Einstieg zu erleichtern. Scheuen

Sie sich hier nicht, Fragen zu stellen, die Ihnen wichtig sind oder auf dem Herzen liegen. Eine **ERZIEHUNGSPARTNERSCHAFT** zwischen Eltern und Betreuungspersonen sollte in jeder Kita gelebt werden.

Die Zeit des Übergangs von der Familie in die Kita ist für alle Beteiligten eine Herausforderung. Seitens der Eltern gibt es sehr oft sehr viel vorab zu organisieren, um überhaupt eine Eingewöhnung begleiten zu können. Andererseits handelt es sich häufig um das erste **ABNABELN** von festen Bezugspersonen. Eltern fällt es verständlicherweise nicht immer leicht, loszulassen und zu vertrauen. Das erste Mal erfolgt außerhalb der Familie eine Einschätzung des Gesamtpaketes Kind (pädagogisch, erzieherisch, Verhalten im Sozialgefüge, etc.). Die neuen Begleiter haben auch eine **WIRKUNG** auf das Selbstbild des Kindes außerhalb der Familienzelle. Auch dem Kind selbst wird bewusst, dass ein anderer Alltag Wirkung auf es zeigt. Es schlüpft in eine weitere Rolle.

Für hochsensible Kinder bedeutet eine fremde, neue Umgebung häufig erst einmal **GEFAHR!** Ein bis dahin sicheres Familiengefüge erweitert sich. Das Elternteil, welches in der Elternzeit zu Hause beim Kind geblieben ist, möchte ggf. wieder seine Arbeit aufnehmen – der **ALLTAG** ändert sich mit dem Übergang in die Kita für alle Familienmitglieder.

Es gilt den alltäglichen kleinen Widrigkeiten, Herausforderungen, Erwartungen und den unterschiedlichen Aufgabenbereichen verantwortungsvoll entgegenzutreten und die Kraft und Geduld aufzubringen, die diese erfordern. Ein hochsensibles Kind liebt seine **KOMFORTZONE** (alles das, was dem Kind Sicherheit bringt, abschätzbar und überschaubar ist).

Die größte Herausforderung für die Eingewöhnung eines hochsensiblen Kindes in die Kita besteht darin, das Kind behutsam, empathisch, respektvoll, wertschätzend, geduldig und gepaart mit liebevollen Grenzen aus der Komfortzone in die **LERNZONE** zu begleiten, ohne die Panikzone des Kindes zu aktivieren.

BEACHTEN SIE! **Ein hochsensibles Kind in der Panikzone, kann durchaus die klassischen Anzeichen einer Panik-Attacke zeigen. Sie ist gekennzeichnet durch einige Minuten anhaltendes Auftreten einer körperlichen und psychischen Alarmreaktion, die vegetativen Reaktionen im Körper werden dadurch als (lebens-)bedrohlich erlebt, was die Panik weiter antreibt. Die Reaktionen sind nicht lebensbedrohlich.**

Wenn ein hochsensibles Kind in Panik gerät, sollten Sie am besten Folgendes tun:

- Ruhe bewahren.
- Das Kind in einen separaten, ruhigen Raum bringen.
- Das Kind nicht allein lassen. Beruhigend einwirken. Nähe bieten.
- Beachten Sie, dass Kinder in dieser Situation ggf. **NICHT** berührt werden möchten.
- Sorgen Sie für Ablenkung (z. B. bewusstes Ein- und Ausatmen, zusammen zählen von eins bis zehn).
- Sorgen Sie für Bewegung (z. B. auf der Stelle stampfen/treten oder hüpfen).

Eine Panikattacke kann sich bereits auch im jüngeren Alter mit „Wegschreien“ oder Hyperventilation zeigen.

TIPP!

Holen Sie sich Unterstützung von Fachleuten, Kinderärzt*innen, Kinder-/Jugendpsychiater*innen, Psycholog*innen, um die Hintergründe der Panik beim Kind herauszufinden (Ängste).

TIPPS FÜR DIE EINGEWÖHNUNGSZEIT

Das können **ELTERN** tun:

- Den Alltag nutzen, bewältigen und angemessen reagieren.
- Regelmäßige Zeiten in der Woche mit der Kita absprechen (weniger ist oftmals effektiver als einzelne lange Betreuungszeiten).
- Eine individuelle Länge der Eingewöhnungszeit gewähren neben der vorher festgelegten Eingewöhnungszeit von vier bis sechs Wochen.
- Nutzen Sie die Möglichkeit ein Lieblingskuscheltier mitzubringen, und erfüllen damit das Sicherheitsbedürfnis Ihres Kindes.

Das kann die **KITA** tun:

- Den Kindern sollte Zeit geschenkt werden beim Ankommen in der Gruppe (in sich gekehrte, ängstliche oder unsichere Kinder benötigen Zeit zu beobachten z. B. auf dem Sofa oder ähnlichem in der Gruppe).
- In der Kita sollte die Möglichkeit zum Rückzug von Beginn an zugelassen werden (z. B. Nebenraum mit offener Tür – Zugang zur Gruppe ist weiter offen).
- Es sollte möglichst eine stabile Besetzung der Betreuungspersonen und Bezugspersonen in der Kita sein.
- Erzieher*innen sollten die Impulse, die hochsensible Kinder geben, aufnehmen und in den Kita-Alltag einbauen und somit Vertrauen und das „Verstanden-Gefühl“ stärken.
- Sie sollten authentisch sein – hochsensible Kinder durchschauen sehr schnell, ob der Erwachsene gerade etwas vorspielt oder echt ist.
- Ältere hochsensible Kinder (ab ca. fünf Jahren) sind in der Lage, im großen Ganzen zu denken – das bedeutet, sie können ein Ziel schneller ausdrücken, als die Betreuungsperson damit beschäftigt ist, etwas zu erklären (dabei kommt es auf den Erfahrungswert des jeweiligen Kindes an).

- Wenn ein Fehlverhalten eines hochsensiblen Kindes vorliegt, bemühen Sie sich, trotzdem in Ruhe, klar und deutlich zu reglementieren. Schreien oder sehr laut schimpfende Stimmen erzeugen Konfrontation und bei dem Kind kommt das Signal Gefahr an, was wiederum Panik auslösen kann. Das auffällige Verhalten wird dann oft nicht als Reaktion des Kindes auf Gefahr wahrgenommen.

Das sollten **ERZIEHER*INNEN** wissen:

- Hochsensible Kinder tragen oftmals einen enorm hohen Eigendruck/Perfektionismus in sich und ihre sensiblen Seelen verarbeiten diese Art des Umgangs miteinander als Schuldgefühl/Verletzung.
- Hochsensible Kinder sind in der Lage, rational in Ruhe die geschehene Situation zu reflektieren, sodass ein guter Konsens gefunden werden kann.
- Hochsensible Kinder können Fehler zugeben und sind einsichtig, wenn es darum geht, ein Fehlverhalten gezeigt zu haben.
- Hochsensible Kinder zeigen häufig kreative Kritiklösungen, da sie über einen ausgeprägten Gerechtigkeitssinn verfügen.

BEACHTEN SIE! **Ein hochsensibles Kind kann durchaus von seiner Sensibilität her Stimmungen, Gefühle, Schmerzen eines anderen Anwesenden innerhalb der Gruppe wahrnehmen, nachempfinden und sogar mit durchleben oder mitfühlen.**

ABWEHRVERHALTEN IN DER EINGEWÖHNUNG

Sollte ein hochsensibles Kind sich **UNWOHL** fühlen in der Gruppe, wird es dies sehr deutlich zeigen durch:

- wechselhafte Stimmungen,
- vermehrtes Schreien (oftmals für Außenstehende unbegründet),
- „bockiges" Verhalten/Eigensinnigkeit,
- Stillsein – In-sich-gekehrt-Sein,

- Anhänglichkeit, Klammern,
- Wut, Gefühlsausbrüche.

Fühlt sich das Kind andererseits **AKZEPTIERT** und wohl, werden Sie begeistert sein, wie es aus sich herausgehen kann, aufblüht und sich weiterentwickelt.

WAS BENÖTIGT EIN HOCHSENSIBLES KIND IN DER EINGEWÖHNUNG?

Das Wichtigste in der Eingewöhnung für das hochsensible Kind sind Geduld, Empathie, Struktur, Regeln und Konsequenz (entwicklungsbasierend) innerhalb eines ruhigen Kontextes in der Interaktion aller Beteiligten im Prozess der Eingewöhnung.

Die **BEDÜRFNISSE** des hochsensiblen Kindes können sich sehr facettenreich äußern und erfordern die unmittelbare Bedürfniserkennung hinter den vielfältigen Gefühlsäußerungen. Einige Bespiele hierfür sind (im Alter von null bis sechs Jahren):

- Niedrige Frustrationstoleranz: Ohren zuhaltend, viel schreien, schnell weinen.
- Aufmerksamkeit einfordern, ausgeprägte Anhänglichkeit und Dickköpfigkeit.
- Risikoscheu, schnelle Auffassungsgabe, kreative Ideen und Vorschläge.
- Neugierig auf Unbekanntes sein, wissbegierig, hinterfragend, provozierend eingeforderte Aufmerksamkeit.
- Hoher Eigenanspruch, etwas perfekt zu machen, intrinsische (Eigen-) Motivation.
- Bitte um Rückzug (allein in einem Raum sein dürfen, um z. B. Musik zu hören/zu lesen).
- Sicherheit liebend, Gerechtigkeitssinn ausgeprägt, Perfektionismus.

DIE ELTERNARBEIT IN DER KITA

In Bezug auf die Elternarbeit in der Kita wäre zunächst zu erwähnen, dass es sein kann, dass eine Hochsensibilität auch bei einem oder beiden Elternteilen des Kindes vorliegen könnte.

Grundsätzlich sollte die Elternarbeit immer eine **PATENSCHAFT** zwischen Eltern, pädagogischen Fachkräften der Kita und dem Kind sein. Wobei Eltern letztendlich entscheiden, wenn es um das Wohl des Kindes geht, und die pädagogischen Fachkräfte lediglich beratend, empfehlend, unterstützend tätig sein sollten. Dies sollte in einem wertschätzenden, authentischen, empathischen, ehrlichen und fairen Umgang miteinander auf Augenhöhe geschehen.

BEACHTEN SIE! **Möchten Sie als Erzieher*innen Eltern, die sich öffnen und Ihrer Arbeit aufgeschlossen gegenüberstehen, dann sorgen Sie für eine reine, vertrauensvolle Atmosphäre.**

TIPPS FÜR DIE ELTERNARBEIT

Zusammengefasst lassen sich folgende **RATSCHLÄGE** für die Arbeit mit Eltern von hochsensiblen Kindern geben:

- Lassen Sie wichtige Themen, die besprochen werden sollen, nicht zu lange offen, bis die richtige Zeit da ist.
- Informieren Sie Ihren Gesprächspartner frühzeitig und teilen Sie ihm das Thema mit (damit dieser sich auch Gedanken hierzu machen kann).
- Sorgen Sie für eine gute Gesprächsatmosphäre (z. B. gut gelüfteter Raum, der geblockt wurde für das Gespräch, Getränke wie Wasser, Tee oder Kaffee bereitstellen).
- Sorgen Sie dafür dass Sie nicht gestört werden!
- Gehen Sie in Ruhe und gut vorbereitet ins Gespräch.

- Versuchen Sie, aktiv zuzuhören, und seien Sie einer anderen Sicht ebenso fair gegenüber.
- Betreiben Sie gemeinsam Ursachenforschung.
- Spiegeln Sie den Inhalt des Gespräches und im günstigsten Fall finden Sie beide einen Konsens und fixieren diesen, so hat man die Möglichkeit, in einem weiteren Gespräch anzuknüpfen oder vorweg zu reflektieren.
- Stellen Sie bitte keine Verhaltensregeln auf!

Sollte es dennoch zu verhärtenden Situationen kommen oder gar notwendig sein, über bestimmte **VERDACHTSDIAGNOSEN** sprechen zu müssen, bedenken Sie, was in Ihrem Gegenüber vor sich gehen kann und wo Sie es abholen. Im Zuge der inklusiven Grundlage Ihrer Arbeit wird dies sicherlich öfter präsent sein.

Wenn es innerhalb der Kitazeit seitens der pädagogischen Fachkräfte notwendig ist über Verdachtsdiagnosen mit Eltern zu sprechen, kann eine Lebens-Spiralweg-**KRISENVERARBEITUNG** nach *Erika Schuchardt* aktiviert werden. Hierbei erlangen beide Seiten lernend über ein Eingangs-, ein Durchgangs- und ein Ziel-Stadium die eigene Annahme ihrer veränderten Situation und versöhnende Solidarität, Gerechtigkeit und Frieden. Das Ergebnis ist Ausdruck gelebter Komplementarität von Person und Gesellschaft (vgl. Schuchardt 1984). In diesem Fall durch die Eltern des hochsensiblen Kindes und den pädagogischen Fachkräften der Kita. Ziel ist es, dabei zu einem gemeinsamen Handeln zu kommen, bei dem beide Seiten gemeinsam die Initiative ergreifen und es zu einer angemessenen sozialen Integration des hochsensiblen Kindes in die Kitagruppe und damit zu gelebter Inklusion kommt. Dem Kind soll die aktive Teilnahme am Kitaleben ermöglicht werden durch Selbst-Verwirklichung und sein Anderssein, die Krise, sollte sich so als **CHANCE FÜR ALLE** erweisen.

BEACHTEN SIE! **Für ein gutes Gespräch sind Pausen genauso wichtig wie Worte. Sorgen Sie also für eine angenehme Gesprächsatmosphäre und nehmen Sie sich möglichst viel Zeit für das Gespräch mit den Eltern.**

Das **MITEINANDER-REDEN** im Zusammenhang mit Eltern von hochsensiblen Kindern oder gar selbst Betroffenen (einem Elternteil) kann von der generellen Reizverarbeitung und den Eigen-/Fremd-Erwartungen geprägt sein. Grundsätzlich mögen hochsensible Menschen keinen Small Talk. Sie definieren sich über Leistung, hinterfragen vieles, was es im Alltag nicht immer leicht macht.

Ich möchte Ihnen hier zum besseren Verständnis gern das **MODELL DER „INSEL“** von *Vera Birkenbihl* vorstellen: Im Allgemeinen leben wir alle auf unserer eigenen Insel. Mit all dem, was uns als Mensch ausmacht. Wenn nun zwei Menschen in Kontakt treten, gibt es diese zwei Möglichkeiten (vgl. Birkenbihl 2019):

- Wir nehmen den Gleichklang der Persönlichkeiten und Einstellungen wahr.
- Wir nehmen wahr, dass das Gegenüber andere Ansichten und andere Persönlichkeitsmerkmale zeigt.

Sind wir miteinander im **EINKLANG,** findet sich schnell eine Gruppe von Menschen, die sich gut verstehen. Tickt jemand aber anders, kommt es sehr schnell dazu, dass dieser ausgegrenzt wird, schon allein durch seine Andersartigkeit. Es besteht also zwischen beiden Inseln keine gemeinsame Schnittmenge.

BEACHTEN SIE! **Wären wir bereit, die Schnittmenge zu zulassen und zu respektieren, zeigten wir unserem Gegenüber: Ich akzeptiere dich so wie du bist! Das wäre eine viel bessere Möglichkeit als das reine „Schwarz-oder-weiß-Denken“.**

Gute **KOMMUNIKATION** ist also eine wichtige Komponente bei der Elternarbeit – gerade, aber nicht nur mit Eltern von hochsensiblen Kindern.

Jede **NACHRICHT** hat mehrere Aspekte und jeder Empfänger einer Nachricht sozusagen mehrere Ohren. Das bedeutet, Menschen können unterschiedlich auf Nachrichten reagieren und haben ein besonderes Ohr, mit dem sie reagieren (vgl. Schulz von Thun 1981):

Die verschiedenen **BEDEUTUNGSEBENEN** der Kommunikation sind zunächst oft nicht offensichtlich für den Gesprächspartner; wie bei einem Eisberg ist nur ein kleiner Teil sichtbar, der wesentlich größere Teil liegt unter der Wasseroberfläche verborgen. In Bezug auf Kommunikationsprozesse bedeutet dies, dass nur ein kleiner Teil einer Botschaft direkt **WAHRNEHMBAR** ist, nämlich die Informationen der **SACHEBENE**. Die vielfältigen Informationen der **BEZIEHUNGSEBENE** ergänzen diese jedoch und beeinflussen den Inhalt der Botschaft wesentlich. **STÖRUNGEN** auf der Beziehungsebene wirken sich auch auf der Sachebene aus. Ein zunächst sachliches Gespräch kann zum Schlagabtausch werden, beispielsweise durch die Betonung eines Satzes: „Wie kommen *Sie*, denn zu dieser *Behauptung*?" Zudem können sich Störungen auf der Beziehungsebene auch negativ auf die Ergebnisse der inhaltlichen Ebene auswirken. Besteht beispielsweise über ein Projektziel Klarheit, aber es existieren Meinungsverschiedenheiten über die Umsetzung, kann es schon schwieriger werden, das eigentlich klare Ziel zu erreichen. Dieses Beispiel zeigt, dass die Beziehungsebene einen großen **EINFLUSS** auf die inhaltlichen Aspekte der Kommunikation hat.

TIPPS FÜR DIE KOMMUNIKATION MIT HOCHSENSIBLEN KINDERN IN DER KITA

BEACHTEN SIE! **Ältere hochsensible Kinder (ab fünf Jahren) definieren sich über Leistung, hinterfragen vieles und nicht selten kann man mit ihnen in ein schon fast philosophisches Gespräch gelangen. Hochsensiblen Kindern ist Sicherheit und Struktur sehr wichtig. Dadurch lässt sich unterstützende Kommunikation gut nutzen.**

Es gibt für die Kita und Kinder vielfältige, digitale oder elektronische **UNTERSTÜTZUNG** von verschiedensten Anbietern. Einige Beispiele seien hier genannt:

- Piktogramm-Programme wie Boardmaker oder Megacom.

- Über die Plattform von Rehakids gibt es ebenfalls viele unterstützende Materialen.
- Prentke Romich oder Reha Media bieten kommunikationsunterstützende Programme mit einfachen Materialien (z. B. Big Mäc) bis hin zu vielfältigen Talkern an.

Es spricht natürlich nichts dagegen, sich selbst einen **VISUELLEN ABLAUF** mit all den typischen, im Kita-Alltag vorkommenden Situationen zu gestalten und einzusetzen. Dadurch ist **INKLUSIVE KOMMUNIKATION** in vielen Situationen möglich.

Praktisches Beispiel: *Sie benötigen eine Fußmatte/Teppichfliese (erhältlich im Baumarkt), einen entsprechend großen Rahmen, doppelseitiges Klebeband, einige Alltagssituationen, die auf Papier gezeichnet und laminiert sind, Klettband-Kreise, die auf Rückseiten der Laminate geklebt werden und eine selbst gestaltete Schachtel zur Aufbewahrung. Hängen Sie den Bilderrahmen mit der angeklebten Fußmatte/Teppichfliese an einem Platz, wo jedes Kind einen Blick darauf hat. So kann man im Kita-Alltag besonders hochsensiblen Kindern Struktur und Sicherheit geben. Die Kinder werden ermuntert, den Tagesablauf mitzugestalten: Ein roter Pfeil kann dazu genutzt werden anzuzeigen, wo man gerade ist. Diese Möglichkeit soll Orientierung geben. Meine Erfahrung hat gezeigt, dass man ggf. nochmal „nachbessern“ muss. Auch z. B. aktuelle Regeln, Wetter, Uhrzeit, Rituale, etc. können noch hinzugefügt werden.*

LILLYS GESCHICHTE – EIN FALLBEISPIEL

Eckdaten: *Lilly wurde 2010 geboren, ihre Schwester Finya kam 2014 auf die Welt, Yvonne (selbst hochsensibel, bekannt seit 2007) und Jürgen sind die Eltern von beiden. Lillys Oma bemerkte bereits im fünften Lebensmonat, dass Lilly eine hochsensible Person sein könnte.*

Bevor Lilly hier zu Wort kommt, möchte ich vorweg noch ein paar Worte von Yvonne, Lillys Mama, weitergeben. Sie empfand Lilly als Baby sehr anstrengend und fordernd mit einem ausgeprägten Bedürfnis nach viel Nähe und Geborgenheit. Sie bemerkte, dass Lilly es liebte zu beobachten (Menschen, Situationen in Räumen etc.).

Lillys Kindergartenwelt – So könnte Lilly berichten: *Hey, ihr da draußen, ich bin Lilly. Ich möchte euch erzählen von meiner Vorkindergartenzeit und Kindergartenzeit. Mit etwa 2,4 Jahren besuchte ich zum ersten Mal einen Kindergarten. Dort gab es viel Spielzeug. Zehn Kinder waren mit mir in der Vorkindergarten-Gruppe (so wurde es von den Großen benannt). Man konnte dort essen und mit den Kindern und Betreuungspersonen viel Spaß haben. Zweimal in der Woche für ca. drei Stunden besuchte ich die Kinder und Betreuungspersonen. Meine Mama holte mich immer genau um 12.00 Uhr wieder ab. Und um 9.00 Uhr am Morgen ging es dorthin. Manchmal fiel es mir nicht leicht, morgens meiner Mama Tschüss zu sagen, das muss ich zugeben. Doch die Betreuungspersonen haben mich gut getröstet und so verging das Traurigsein wie im Flug. Und ich konnte mir sicher sein, um 12.00 Uhr stand Mama wieder vor mir und holte mich ab.*

Da ich etwas vorsichtig und zurückhaltend bin (meine Betreuungspersonen nannten das schüchtern), war es mir sehr wichtig morgens, wenn ich ankam, zu beobachten, was eigentlich gerade so los war, wer da war, wie der Raum sich anfühlte, was die Menschen so machten in dem Raum … wie die Kinder so „drauf" waren … Ich hatte großes Glück, meine Betreuungspersonen ließen dies zu und so fiel es mir nach einiger Zeit auf dem Beobachtungsposten nicht schwer, mich ins Gruppen-Geschehen zu begeben und zu schauen, worauf ich Lust hatte heute … und genoss die Zeit …

Die Zeit verlief sooooo schnell, da stand der Wechsel in den Regelkindergarten an. Mittlerweile war ich bereits drei Jahre. Soll ich euch ein Geheimnis verraten? Da ich wusste, dass ich in den Kindergarten bei uns in der Nähe, wo ich wohne, gehen werde, habe ich immer öfter versucht, Situationen zu finden, in denen ich einen Blick dorthin ins Außengelände oder zum Gebäude erhaschen konnte.

Dann war er da, der Tag als es in den Kindergarten ging. Ich war sowas von aufgeregt und unglaublich neugierig, was es dort wohl alles gab, wie die Kinder sind, die Betreuungspersonen. Auch hier begab ich mich mehrere Monate auf den Beobachterposten. Ich benötigte einen Überblick, dass ich das „Ganze" einschätzen konnte und was und wer mich umgab. Wisst ihr, was toll war? Ein Nachbarkind, das ich seit einem Jahr kannte, traf ich im Kindergarten wieder. Ein drittes Mädchen kam später dazu. Wir haben eine tolle Zeit im Kindergarten verlebt. Bis heute dauert diese Freundschaft mit den Mädels an!

Wenn ihr Wissen möchtet, was ich sonst noch erlebt habe? Nun, ich bin mal einer Erzieherin unabsichtlich auf den Fuß getreten. Die Erzieherin hat mich so angeschnauzt, bevor ich auch nur Entschuldigung sagen konnte. Ich fand das voll ungerecht, weil sie doch hätte wissen müssen, dass ich sowas nicht mit Absicht machen würde. Und einmal bin ich voll auf den Po gefallen. Mama hat gesagt, man nennt es Steißbein. Noch heute kann ich mich gut an den Schmerz von damals erinnern.

Ach ja, da war auch noch was ganz Besonderes: Meine Schwester Finja wurde Anfang 2014 geboren, als ich bereits ein halbes Jahr in den Vorkindergarten ging. Das war ganz merkwürdig, ich war nicht mehr allein mit meinen Eltern, da war noch jemand. Ich habe mich ja gefreut, ehrlich, doch es hat auch ganz schön was verändert: Das Baby brauchte z. B. viel Zeit mit Mama, ich war nicht mehr die Nummer eins, sondern die Nummer zwei. Meine Reaktion hierauf zeigten sich äußerlich mit Ticks. Viel heftiger war allerdings, dass der Kindergarten an einem Morgen plötzlich nicht mehr da war. Ich musste in einen anderen Kindergarten gehen (wie alle anderen Kinder auch).

Jeden Morgen, an dem ich zu dem neuen Kindergarten gehen musste, weinte ich. Ich wollte meinen alten Kindergarten zurück! Doch das war nicht möglich. Der alte Kindergarten fiel einem Brand zum Opfer. Mama war ganz hilflos. An einem Morgen kam Mama auf die Idee, mich zu fragen, wieso ich jeden Tag weine.

An einem Morgen, an dem es mir mal wieder schwer fiel in die Kita zu gehen, sprach meine Mama mit mir ganz offen. Sag mal Lilly: „Was ist denn der Grund, dass du immer so weinen musst, wenn ich dich in den neuen Kindergarten bringe? Die Kinder und die Erzieherinnen sind doch noch dieselben.“ Nun antwortete ich: „Mama, der alte Kindergarten war nicht so weit weg von zu Hause. Entweder er muss näher sein oder du holst mich früher ab.“

Mama erklärte mir dann ganz offen, wieso sie mich nicht früher abholen könne. Das verstand ich dann auch und es war okay. Ab diesem Zeitpunkt ließ ich mich auf den neuen Kindergarten ein und erzählte fröhlich, was ich alles erlebt hatte.

Wisst ihr, ich kann sagen, die Kindergarten-Zeit war eine schöne, positive Zeit für mich!

STRATEGIEN ZUR STRESSREDUZIERUNG BEI HOCHSENSIBLEN KINDERN

Bedingt durch die besondere Art der Wahrnehmung wie auch durch die Aufnahme von Reizen können Sie beobachten, wie Ihr hochsensibles Kind kräftemäßig ggf. schneller **ERSCHÖPFT** ist. Gehen Sie davon aus, dass Ihr Kind in der sozialen Einrichtung die Betreuungszeit damit beschäftigt ist, dem zu entsprechen, was von ihm erwartet wird. Dann haben Sie eine Vorstellung, dass man dann zu Hause im geschützten, sicheren Ort anschließend ggf. die Möglichkeit benötigt, die **ANSPANNUNG** loszulassen, oftmals zum Leidwesen der Eltern.

Ich möchte Ihnen hier einige Strategien und Tipps an die Hand geben, mit denen Sie den **STRESS** für Ihr hochsensibles Kind in der Kita-Zeit reduzieren können.

DIE ABHOLPHASE VON DER KITA:

- Wenn Sie Ihr Kind abholen aus der Einrichtung, nehmen Sie sich Zeit und vor allem **RUHE** (entwickeln Sie ein Abholphasen-Ritual).
- Drängen Sie Ihrem Kind **NICHT** gleich **FRAGEN** auf.
- Versuchen Sie **WAHRZUNEHMEN,** wie Ihr Kind sich fühlt. Das erleichtert es Ihnen, auf die Verhaltensäußerungen des Kindes geeignet einzugehen (hochsensible Kinder befindlich in der Reizüberflutungs-/Betreuungszeit), können von jetzt auf gleich einen Wutausbruch zeigen).
- Es gibt auch Kinder, die ihren Eltern beim Abholen deutlich spiegeln, dass sie sich **VERLASSEN GEFÜHLT HABEN** von ihnen (innerhalb der Betreuungszeit), also nur funktioniert haben, da es erwartet wird. Die Lebensumstände von Familien sind täglich große Herausforderungen, auch für die Kinder.

DIE BRING-PHASE IN DIE KITA:

- Wenn es Ihrem Kind phasenweise **SCHWERFÄLLT,** sich zu lösen: Vielleicht hilft es Ihnen und Ihrem Kind, ein Herz auf die Innenseite des Handgelenkes zu malen? Mit dem Hintergrund und der Intention, dass Sie beide immer einander nah sind. Und wenn mal ein schlechter Moment kommen sollte, stärkt der Blick auf das Herz diese Verbundenheit erneut.
- Vielleicht gibt es die Möglichkeit, den **MORGEN** zu strukturieren und *sich* und *dem Kind* somit angenehme Zeitfenster zu schenken? (natürlich unter der Berücksichtigung Ihrer zeitlich feststehenden Pflichten). Dies mit einem gemeinsamen Frühstück zu verbinden?

ZU HAUSE:

Versuchen Sie **ENTSPANNUNGSMOMENTE** in den Alltag zu integrieren. Das tut Ihnen und Ihrem Kind gut. Es gibt eine ganze Menge Möglichkeiten in diesem Bereich, experimentieren Sie mit Ihrem Kind zusammen! Vielleicht mag Ihr Kleinkind Massagen mit den unterschiedlichsten Materialien (weiches Tuch, Massageball, Feder etc.). Im Internet finden Sie unter den Stichworten „Entspannungsgeschichten/Fantasiegeschichten/Kinder" viele Anregungen für kleine Geschichten oder Sprüche, mit denen Sie die Entspannung begleiten können.

Beispielhaft möchte ich Ihnen hier zwei **METHODEN** zur Entspannung mit hochsensiblen Kindern nach der Kita oder in anderen „Stresssituationen" nennen:

„Pirnay Pyramide" für die Entspannung mit Kindern ab drei bis sechs Jahren: *Die Pyramide baut sich von unten nach oben mit den folgenden sechs Bestandteilen auf: konzentrierte Entspannung (z. B. Progressive Muskelentspannung), Entspannungsgeschichten, Phantasiereisen und thematische Vorstellungsübungen, kindgemäße Massage, spielerische Massagen mit Medien, Wahrnehmungsspiele und einfache Stille-Übungen. (vgl. Pirnay 1993)*

Entspannung mit Kindern ab fünf Jahren: *Kinder in diesem Alter reagieren sehr effektiv auf energetische Methoden, wie z. B. auf die „Klopfakupressur" (vgl. Benesch 2009). Diese Methoden sind sehr einfach zu erlernen und umzusetzen. Eine Alternative kann auch die „Progressive Muskelentspannung" sein. Diese schnell umsetzbare klassische Entspannungsmethode verhilft unter anderem Stress-Momente abzubauen und Emotionen in Balance zu bringen – präventiv, eine wunderbare Möglichkeit der Sensibilisierung, der Gesundheitsprävention für den physisch/psychischen/muskulären Bereich.*

TIPP!

Schauen Sie einmal für Ihr hochsensibles Kind ortsnah nach Entspannungspädagog*innen, die Kinderkurse anbieten. Mittlerweile ist das Angebot in diesem Bereich sehr gut und vielfältig.

5

Ein paar Wort zum Schluss:

Hochsensibilität – Chance fürs Leben statt Problemfall

Das besondere **PERSÖNLICHKEITSMERKMAL** Hochsensibilität und die damit verbundenen Herausforderungen und Auswirkungen sowohl für das hochsensible Kind selbst als auch für seine Umgebung verdient eine eigene Aufmerksamkeit innerhalb unserer Gesellschaft. Hochsensibilität hat nichts mit einem Modethema zu tun. **FEINFÜHLIGE MENSCHEN** wird es schon immer gegeben haben, es stellt sich vielmehr die Frage, wie sie innerhalb der Gesellschaftsstrukturen in den jeweiligen Zeitspannen behandelt wurden und werden?

Viele introvertierte, hochsensible Kinder fallen in unserer Gesellschaft in sozialen Einrichtungen wie der Kita gar nicht auf, da sie bestrebt sind, jedem und allem zu genügen. Das ist dem eigenen inneren **DRUCK** und dem **PERFEKTIONISMUS** geschuldet, der für hochsensible Kinder oft so typisch ist. Für das Umfeld, für die Eltern und anderen Familienangehörigen sowie auch zum Beispiel in der Kita für die pädagogischen Fachkräfte besteht die große Aufgabe zu erkennen, dass es einige Kinder gibt, die hochsensibel sind, und **IM BLICK** zu haben, dass sie sich nicht in ihrem Eigendruck und Perfektionismus verlieren.

Dafür ist es zwingend notwendig, von diesem besonderen Persönlichkeitsmerkmal zu wissen und die damit einhergehenden Verhaltensweisen nicht mit anderen **PERSÖNLICHKEITSAUSPRÄGUNGEN** wie AD(H)S oder Autismus zu verwechseln. Im Gegensatz zur Hochsensibilität handelt es sich bei diesen Phänomenen um Diagnosen, die therapie- und behandlungsnotwendig sein können. Wenn ein hochsensibles Kind sich gut verstanden und angenommen fühlt, sich sicher fühlt, wird es aus sich herausgehen können und seine Mitmenschen damit überraschen!

Nicht selten finden wir ein hochsensibles Kind mit **DEPRESSIVEN MOMENTEN** oder gar in einer tiefen Depression wieder. Bleiben Sie als Erwachsener daher immer hellhörig und beobachten das Kind! Es wird entsprechende Signale senden über längere Zeiträume hinweg und mit unterschiedlicher Intensität. Durch Ihre feinfühlige **BEGLEITUNG** und **UNTERSTÜTZUNG** haben Sie als Eltern oder pädagogische Fachkräfte in der Kita einen wesentlichen Einfluss darauf, ob sich das Persönlichkeitsmerkmal der Hochsensibilität zum Positiven oder Negativen hin entwickelt.

Es lohnt sich, die **POSITIVEN MERKMALE** der Hochsensibilität zu schätzen, wahrzunehmen, zu verstehen und zu nutzen, anstatt die Kinder als Problemfall und auffällig zu stigmatisieren. Hochsensible Kinder können Ihrem Umfeld die **AUGEN ÖFFNEN** für einen gefühlvollen und emphatischen Umgang miteinander. Gleichzeitig ist es unabdingbar zu betonen, dass zweifelsohne Ressourcen und Potenziale in der Hochsensibilität stecken, jedoch Kinder ohne Hochsensibilität nicht ressourcenärmer sind.

AUF DEN PUNKT

Jedes Kind ist einzigartig, jeder hat seine Ressourcen und Herausforderungen, bei hochsensiblen Kindern liegen diese nur tendenziell woanders als bei nicht-hochsensiblen Kindern.

6

Literatur und Leseempfehlungen

Autismus-Therapie-Zentrum (ATZ) Köln: Auf der Internetseite des ATZ finden sich umfassende Informationen zum Thema Autismus.

Aron, Elaine (2005): Sind Sie hochsensibel? Wie Sie Ihre Empfindsamkeit erkennen, verstehen und nutzen. mvg, Heidelberg.

Aron, Elaine (2008): Das hochsensible Kind. Wie Sie auf die besonderen Schwächen und Bedürfnisse Ihres Kindes eingehen. mvg, München.

Bauernfeind, Silke (2016): Ein Kind mit Autismus zu begleiten, ist auch eine Reise zu sich selbst. Das Buch zu Ellas Blog. BoD, Norderstedt.

Benesch, Horst (2009): Gesunde Kinder mit Klopfakupressur: Emotionale und körperliche Probleme sanft und sicher lösen. Goldann Verlag.

Birkenbihl, Vera (2019): Nähere Informationen zum Insel-Modell finden sich in verschiedenen Videos und Textbeiträgen von der Managementtrainerin und Sachbuchautorin Vera Birkenbihl, die unter den Stichworten Insel-Modell/Birkenbihl im Internet zu finden sind.

Böttcher, Jutta/Wandel, Andrea et.al. (2018): Fachbuch Hochsensibilität: Worauf es in der Begleitung Hochsensibler ankommt. Fischer & Gann.

Cremer, Samuel/Schumacher, Christian (2016): GFK-Navigator für Gefühle, Emotionen und Stimmungen: Gefühle finden und benennen – sich verstehen, verstanden werden, Empathie geben – Mit über 100 Gefühlsbegriffen. Future Pace Media.

Deutsche Gesellschaft für das hochbegabte Kind (Hg.) (2008): Gesichter von Hochbegabung. Die Vielfalt von Begabungen und Talenten. Info3-Verlag.

Elbnay, Yvla (1998): Die Entwicklung der Sinne: Wahrnehmungsförderung im Kindergarten. Lambertus-Verlag.

Neumann, Petra (2015): Henry mit den Superkräften: … oder warum in jedem Kind ein Held steckt. Verlag AMH.

Parlow, Georg (2003): Zart besaitet: Selbstverständnis, Selbstachtung und Selbsthilfe für hochempfindliche Menschen. Festland Verlag, Wien.

Philipsen, A. et.al. (2015): Effects of Group Psychotherapy, Individual Counseling, Methylphenidate, and Placebo in the Treatment of Adult Attention-Deficit/Hyperactivity Disorder. A randomized Clinical Trial. JAMA Psychiatry.

Pirnay, Lutz (1993): Kindgemäße Entspannung. Praxisbuch – nicht nur für den Schulalltag. Selbstverlag.

Röhr, H. (2018): Beitrag auf Fachtag Hochsensibilität bei Kindern. CJD Dortmund.

Saval, Ingeborg (2018): Starke Kinder: Strategien für selbstbewusste und ausgeglichene Kinder. TRIAS Verlag.

Schau/Zenke (2000), Wörterbuch Pädagogik, dtv Verlag.

Schuchardt, Erika (1984): Jede Krise ist ein neuer Anfang – Aus Lebensgeschichten lernen. Patmos Verlag, Düsseldorf.

Schulz von Thun (1981): Miteinander Reden 1. Störungen und Klärungen. Rowohlt Verlag.

StillLeben e. V.: Auf den Internetseiten des Vereins finden sich umfassende Informationen und Hilfestellungen zum Thema selektiver Mutismus.

Strohmaier, Brenda (2015): Hochsensibilität ist keine Krankheit. Axel Springer Verlag, Berlin.

Träbert, Detlef (2006): So lernt mein Kind ganz konzentriert. Das Schritt-für-Schritt-Erfolgsprogramm. AOL-Verlag.

Vita, Melanie S. (2017): Hochsensibilität bei Kindern: Verstehen, begleiten und stärken. Brendow, J. Verlag.

Wagner, Lorenz (2018): Der Junge, der zu viel fühlte: Wie ein weltbekannter Hirnforscher und sein Sohn unser Bild von Autisten für immer verändern. Europa Verlag.

Wyrsch, Patrice (2016): Master Thesis – Sensory-processing sensitivity as a firm resource. A source of sustained competitive advantage? Universität Bern.

AUTORENINFO

Gabriele Heyduschka ist geprüfte Gesundheits-/Präventionsberaterin, Entspannungspädagogin, Fachberaterin für Mobbing und arbeitet seit über 10 Jahren freiberuflich als Dozentin/Coach/Trainerin in der Erwachsenenbildung und Kinderprävention. Als pädagogische Fachkraft kennt sie die Probleme und Herausforderungen im Alltag von Kindertageseinrichtungen. Neben einer ehrenamtlichen Tätigkeit als Leiterin eines Gesprächskreises für Eltern von hochsensiblen Kindern hat sich Frau Heyduschka in den letzten Jahren im Bereich Autismus – ADHS – Hochsensibilität – Mobbing – sensorische Integration fortgebildet und gibt Fachseminare zu diesen Themen. Außerdem ist Frau Heyduschka als Dozentin in der Erwachsenenbildung tätig (Schwerpunkte: Basale Stimulation – Kommunikation – Stressmanagement).